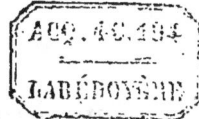

PLAN

D'UNE

PACIFICATION GÉNÉRALE

EN EUROPE,

*Par le Citoyen DELAUNEY, Consul
de la République.*

❈

A PARIS,

Chez GIRARDIN, Libraire, au Club
littéraire du Jardin de l'Égalité, près le
Bassin.

Et chez la Veuve DEMAULÉON,
Libraire, rue de Richelieu, en face du
Passage S.-Guillaume.

L'An deuxième de la République Française.

CITOYEN PRÉSIDENT,

Tout Français doit à la Patrie l'hommage de ses idées, lorsqu'elles renferment des vues utiles au bien public. Si le plan de pacification générale en Europe, que je présente à la Convention, offre quelque apperçu nouveau en politique, dont on puisse profiter pour ramener la paix entre des puissances qui se déchirent, j'aurai rempli mon objet ; lors-même qu'il ne contiendroit qu'une théorie impraticable, ce qui n'est malheureusement que trop vraisemblable, je me saurois toujours gré d'avoir fixé les Européens sur leurs véritables intérêts. Il est tems qu'on jette parmi nous des pommes de concorde.

DELAUNEY.

Paris, le 15 Avril 1793, l'an second de la République.

PLAN

D'UNE

PACIFICATION GÉNÉRALE

EN EUROPE.

UNE voix se fait entendre & vient vous prêcher la paix, Puissances de l'Europe! c'est à vous qu'elle s'adresse, à vous, qui depuis tant de siècles, méconnaissant vos véritables intérêts, ne cessez de vous jouer, de vous séduire & de vous égarer mutuellement. Je n'entreprendrai pas de vous peindre par quelle suite d'erreurs vous vous fîtes peut-être tous les maux que les hommes avoient à craindre de la sociabilité, sans avoir su profiter de tous les biens dont elle porte le germe : une semblable esquisse ne vous offriroit que le jeu de vos passions collectives, mieux consigné dans vos propres histoires. Le tems a changé mille fois la face de notre globe, mais il n'a pu attiédir encore cette rage des conquêtes,

A

cette fureur des débats politiques, qui, loin d'amener le bonheur des nations, l'éloignèrent toujours.

Si du moins la foi des traités n'eût reçu aucune atteinte parmi vous, les peuples, fatigués de gémir sur leurs égaremens, auroient à se glorifier d'avoir vu de sages négociateurs reconnoître de tems en tems leurs droits, déterminer leurs obligations, & ramener par leurs efforts cette divine paix, qu'à notre honte, nous ne sumes jamais fixer sur la terre. Mais non . . . . . . ces déclarations, ces engagemens réciproques dictés par l'intérêt, ne furent respectés qu'aussi longtems qu'on y trouva de l'avantage ; tantôt la raison d'état, tantôt de vains prétextes servirent de masque à ces prétendus hommes d'état qui vouloient troubler la tranquillité publique, & furent aussi ardens à chercher la gloire & l'élévation de leur pays, dans la ruine ou l'assujétissement des contrées voisines, qu'habiles à sacrifier les intérêts de leurs concitoyens à leurs propres passions.

Qu'ont entendu les hommes, encore une fois, Gouvernemens de l'Europe, de quelque nature que vous puissiez être, auxquels je m'adresse, lorsqu'ils se sont réunis ? Vouloient-ils autre chose que se rendre plus heureux qu'ils n'étoient ? Ont-ils , répondez, atteint ce but, lors même que dans la circonscription d'une société particulière , de bonnes loix constitutionnelles & réglemen- taires y font régner l'ordre & la justice, si, de cette société à une autre, on ne trouve les moyens de se garantir contre les invasions, & tout ce que peut exiger la force ?

Si vos traités sont aussitôt violés que signés , si le moindre mouvement d'une puissance ambitieuse change tous vos rap- ports politiques , vous bâtissez avec du sable dans vos diplômes ; l'Europe n'a point encore de constitution générale, & l'hu- manité doit souffrir dans le choc de toutes les passions , sur un grrnd théâtre, où le défaut d'unité d'action varie les scènes à l'infini, quoique le résultat en soit conti- nuellement le même , le dirai-je ? le malheur du plus grand nombre.

Il est une vraie & une fausse politique, ne les confondons pas plus que les anciens ne confondoient les deux Vénus qu'ils se plurent à reconnoitre. La véritable politique est louable dans ses principes, comme dans les moyens qu'elle employe, elle se fonde sur l'expérience, la prévoyance & la pru dence, elle écoute la raison & la justice, & n'agit que pour établir & maintenir leurs préceptes. La fausse politique est la perfidie même, l'oubli de tous les principes; elle seconde l'ambition des hommes & les précipite de chûtes en chûtes, en boulversant les états.

Mais qu'est elle-même cette ambition démesurée que nous ne cessons de remarquer chez certaines puissances, qui semblent ne pouvoir se rassasier de sang humain, si ce n'est une pure folie? En cherchant à accaparer plus de moyens de puissance que leur existence politique n'en comporte, elles deviennent leur propre vautour. La langueur doit se faire sentir un jour dans un état qui a fait trop d'efforts; car les richesses d'un empire sont moins dans son étendue, que dans la manière dont il est gouverné.

Ces idées m'ont paru importantes à développer, avant de tracer le plan que je me suis fait d'une pacification générale en Europe. Henri IV fut le premier qui forma le projet de l'établir sur des bâses solides. Je crois qu'on ignore encore quelles furent ses idées sur ce grand œuvre d'humanité: on doit sur le même sujet un très-beau

systême aux lumières & à la philantropie
de l'abbé de S.-Pierre. J'étois fort jeune,
lorsqu'il me tomba entre les mains, il
exalta ma sensibilité & je me plaignis dès-
lors qu'on ne l'eût pas mis en pratique.
De trop grands sacrifices étoient peut-être
exigés de certaines puissances qui se croyent
en droit de donner la première impulsion
aux affaires générales de l'Europe ; ou ce
que je suis tenté de croire, les esprits n'é-
toient point assez préparés aux grands
changemens qu'il eût fallu faire dans tous
les ressorts de la politique générale. L'ouvrage dont je parle fut admiré des philo-
sophes, & regardé comme un beau rêve
d'une imagination exaltée, par ceux qui
gouvernoient alors leurs semblables. (1)

Aujourd'hui que les lumières sont plus
généralement répandues, que les peuples
osent jetter un coup-d'œil attentif, les uns
sur leurs anciennes loix, les autres sur
leurs chaînes, on a déjà décidé que plusieurs corps politiques peuvent, sans blesser
leurs intérêts réciproques, établir un accord
si parfait dans les principes qui doivent

_____

(1) Depuis que ce petit ouvrage existe, il en a paru
un sur le même sujet, du Citoyen Payne, que je ne me
permettrai point de juger.

les faire agir les uns envers les autres ;
& équilibrer leurs forces, de manière
qu'une paix générale naisse de ces dispositions si dignes d'être méditées.

Lorsque nous serons justes, les guerres
deviendront inutiles ; elles le sont dés-à-
présent, si je parviens à prouver que d'a-
près ma théorie nous serons forcés de
l'être. Dans l'inutilité des guerres, il est
facile d'appercevoir tous les avantages qu'on
peut découvrir à la société, & dont on
peut la faire jouir. Moins de troupes,
conséquemment moins d'impôts, plus d'hommes rendus à l'agriculture & à la popula-
tion, dés-lors, augmentation de commerce,
de richesses & de bonheur.

Tout semble classé dans la nature, à
l'œil observateur, si bien que le gouvernement le mieux ordonné ne paroît être
que l'image de son chef-d'œuvre, j'entends
parler du corps humain. Nous ne pouvons
mieux faire que de calquer tous nos ouvrages sur ce grand modèle : balançons
des forces contraires, de sorte qu'elles ne
puissent se choquer & qu'elles conservent
tout leur mouvement.

A l'aspect des volumineux ouvrages qu'a
produits le droit public de l'Europe, on

est effrayé de la carrière qu'on auroit à parcourir, si l'on vouloit saisir l'esprit de toutes les transactions qu'ils contiennent. Je n'y vois qu'une hydre, dont il est utile d'abattre la tête d'un seul coup. C'est dans ces nombreuses réserves, protestations, adhésions conditionnelles, & dans ces vaines prétentions qu'on y trouve à chaque page, trop foibles pour prévaloir jamais contre la volonté des peuples, que se trouve la source de ces guerres funestes dont nous avons parlé. Le premier article de la paix générale que je propose fixeroit à jamais les limites de chaque puissance. Le second offriroit l'abandon respectif de toutes les anciennes prétentions. A la suite de ces deux articles, je proposerois le partage de l'Europe en deux grandes confédérations, sous les dénominations de *confédérations d'Orient & d'Occident*. J'établirois entr'elles l'équilibre le plus exact possible, afin que l'intérêt qu'elles auroient à conserver la paix fût égal, & que les mêmes motifs leur fissent craindre de la rompre. Aucune puissance d'une confédération ne pourroit entrer en guerre avec une puissance de la confédération opposée, sans que tout son parti n'intervînt dans cette querelle, pour décider de la justice de ses prétentions, pour les

appuyer dans le cas où elles seroient fondées, ou faire rentrer dans l'ordre le gouvernement qui s'en seroit écarté sans raison.

On se sent porté à croire qu'il n'est pas
un état en Europe, à moins qu'il ne fasse
ouvertement l'aveu de son ambition, qui
ne dût voir avec plaisir un système qui
mettroit ses plus chers intérêts sous la
sauve-garde de ses co-états. N'est-il pas
évident en outre que dès qu'une puissance
voudroit usurper, elle seroit abandonnée à
elle même contre des forces faites pour
l'écraser, ou reprimée dès ses premières dé-
marches.

Si des réclamations se faisoient entendre
d'une confédération à l'autre, elles ne pourroient jamais qu'être fondées en droit &
en raison, parcequ'il est impossible que
plusieurs états qui n'y auroient aucun intérêt, prêtassent leurs noms dans un ma-
nifeste qui n'auroit pas été dicté par
l'équité, de même que l'ayant pour base,
il seroit également impossible que plusieurs
états de la confédération opposée, qui
n'auroient aucun intérêt dans les discussions
que nous supposons, se prêtassent à les
appuyer, si elles étoient injustes.

Aucune

Aucune déclaration ne pourroit être faite au nom d'une confédération, sans que tous les états qui la composeroient eussent approuvé son contenu.

Pour faire naître un point de réunion ou de contact entre ces deux confédérations, on pourroit, vers le centre de l'Europe, destiner un lieu quelconque à recevoir leurs représentans, & afin de conserver la plus grande liberté dans les délibérations, aucunes troupes ne pourroient en approcher de plus de quinze lieues. Ce terrein seroit regardé comme un Pays neutre, & comme le centre où viendroient se perdre tous les débats politiques, & d'où jailliroient toutes les conciliations faites pour maintenir la paix générale.

Le nom le plus convenable qu'on pût donner à cette assemblée, me sembleroit être celui de *suprême Sénat d'Europe* ; chaque confédération y enverroit un nombre égal de députés, & toutes les conférences y tendroient, non seulement à maintenir le calme & la paix dans la partie du globe que nous habitons, mais encore à la propager sur toute sa surface.

B

Je ne crois pas que cette théorie, que je n'ai encore développée qu'à moitié, trouvât beaucoup de difficultés dans la pratique, si ceux qui régissent aujourd'hui les grandes affaires, vouloient l'y ramener de bonne foi. Qu'y apperçoit-on, sinon des contre-poids dérivans de la nature des choses, disposés de manière à retenir chaque corps politique dans sa sphère, sans gêner son mouvement propre?

Avant de poursuivre, je dois prévenir quelques observations qu'on sera peut-être tenté de me faire. Quelles seront, me dira-on sans doute, les influences de ce nouveau système de politique sur le commerce des Européens? Ne craignez-vous point de le boulverser, en réglant à votre guise la destinée des Empires. Non, je ne puis le craindre : quelque face que prenne l'Europe, les besoins des hommes seront toujours les mêmes, & le Nord ne pourra produire les denrées qui nous viennent du Midi; les peuples auront toujours besoin de s'entendre sur les objets de première nécessité, d'utilité ou de luxe, & ils le feront avec bien plus d'avantage, lorsque la guerre ne viendra plus les troubler dans leurs opérations. Les sacrifices que quelques puissances seront forcées de faire, relativement à leur présente prépondérance, seront grandement rachetés par l'accroissement de leurs richesses, par un développement plus marqué de leurs manufactures, dont les produits entreront plus librement chez des nations qui craignent encore d'enrichir des sociétés dont le nom ne pourra plus les effrayer. Les vrais biens, en un mot, comme les vraies jouissances, seront plus généralement connus, les Européens ne feront plus qu'un peuple de frères.

Dans chacune des deux confédérations générales d'Orient & d'Occident, qui seroient composées de l'union de neuf puissances réparties d'après le plan que j'offrirai bientôt, je voudrois en établir deux particulières, sous la dénomination de *confédérations du Nord-est & du Sud-est* pour la confédération d'Orient, & *du Nord-ouest & du Sud-ouest*, pour la confédération d'Occident. il est évident qu'il peut s'élever des querelles particulières dans le sein des deux confédérations générales : ce seroit donc en les divisant de cette manière, qu'on pourroit facilement y porter remède. A l'instar du suprême sénat d'Europe, il seroit essen-

tiel d'y établir un sénat d'Orient & un
sénat d'Occident, dont les fonctions seroient
les mêmes, quoique moins étendues. Ils
pourroient être en relation avec lui, &
établis sur le même pied avec les modifi-
cations que les circonstances & les locali-
tés exigeroient. Les hommes d'état qui se
seroient distingués dans ces sénats particu-
liers, pourroient ambitionner la gloire d'ar-
river à la plus belle des dignités qu'on
eut jamais connue parmi les hommes, celle
de pacificateur de la terre. Leur entrée
dans le suprême sénat attesteroit leur mérite, dont ils pourroient donner des preuves
pendant cinq années, tems suffisant pour
leur acquérir un titre à la renommée &
à la reconnoissance du genre humain.

Je ne propose point de changemens par-
ticuliers dans le régime actuel de gouvernement de chaque puissance. La France
donne, depuis quelques années, un grand
exemple à méditer. La Pologne, en l'imitant,
s'étoit couverte de gloire en préparant son
bonheur. Elle sembloit ouvrir les yeux sur
une grande vérité, c'est qu'il ne faut pas
juger de l'esprit & du génie des peuples

par leur apparente inertie. (1) Ces peuples doivent aujourd'hui connoître leurs véritables intérêts ; il n'est plus tems de leur donner de préceptes : le philantrope le plus zélé doit les livrer à eux-mêmes ; imbus des grandes idées que l'Europe voit germer de tous côtés , qu'ils recueillent des fruits uniquement dus à la philosophie du siècle , en croyant ne les devoir qu'à euxmêmes.

Quelqu'équilibre de puissance qu'on cherche à établir entre les états de l'Europe , on ne sauroit convenablement les ranger tous dans la même classe. Je distinguerai donc des puissances de première , de seconde & de troisième classe. Entreprendre de prouver leur égalité , ce seroit vouloir choquer de front la raison. Je me presse d'en venir à la division de l'Europe en deux confédérations générales. J'aurois pu , en parlant des confédérations particulières , donner de chaque état un précis historique & géographique , propre à faire disparoître toute la sécheresse qu'entraîne

(1) Mais sa malheureuse destinée l'a entraînée dans le despotisme , & sous un joug qu'elle ne peut manquer de secouer, dès que l'occasion s'en présentera.

naturellement dans un sujet une nomen-
clature sur laquelle on est forcé de reve-
nir plus d'une fois ; mais je m'en dispen-
serai, pour ne pas donner trop de volume
à cet apperçu. On peut d'ailleurs avoir
recours aux ouvrages des Citoyens Lacroix
& Mentelle, dont le mérite est connu.

Confédération d'Occident.

La France.

L'Angleterre.

L'Espagne.

La Suède.

Le Portugal.

La Turquie.

La Hollande.

Les Deux Siciles.

La Suisse.

Confédération d'Orient.

La Russie.

L'Autriche.

Le Corps Germanique.

La Pologne.

La Prusse.

Le Dannemarck.

La Sardaigne.

Les Petits États d'Italie.

Venise.

Je fais entrer dans la confédération d'Occident, comme puissances de première classe, la France, l'Angleterre & l'Espagne ; comme puissances de seconde classe, la Suède, le Portugal & la Turquie ; & comme puissances de troisième classe, la Hollande, les deux Siciles & la Suisse. Je dois prévenir que cette classification tend moins à déterminer le rapport des forces de ces différentes puissances, qu'à rendre mon plan plus facile à saisir.

Dans la confédération d'Orient, j'établis l'ordre suivant : la Russie, l'Autriche & le Corps Germanique composeroient la première classe ; la seconde le seroit de la Pologne, de la Prusse & du Dannemarck ; la troisième, de la Sardaigne, des Petits États d'Italie & de Venise.

J'ai moins consulté la situation des états de l'Europe dans cette division, que je n'ai été soigneux de balancer, autant que possible, deux corps immenses l'un par l'autre. J'ai même préféré d'entrelacer quelques puissances des deux confédérations, les unes dans les autres, à suivre l'ordre que leurs dispositions particulières pouvoient m'indiquer, afin de les lier d'avantage, en leur donnant plus de raisons de craindre la désunion.

Il faudroit des connoissances bien plus étendues que les miennes, & avoir l'intention de composer un ouvrage sur un sujet dont je ne veux donner que l'esquisse, pour présenter d'une manière satisfaisante tous les détails dans lesquels on pourroit entrer sur les élémens qui composent la force positive de chaque état. Je sens combien il seroit intéressant de parvenir à savoir, en additionnant de part & d'autre les forces que chaque puissance pourroit fournir à sa confédération, en faveur de laquelle pencheroit la balance; mais je manque des données nécessaires pour y parvenir. (1) D'ailleurs les guerres qui se sont faites en Europe, ont déterminé depuis longtems le rang que chaque puissance y doit tenir.

(1) Quand je les aurois à ma disposition, je ne pourrois jamais présenter qu'un calcul très-inexact.

Venons

Venons à la division des confédérations particulières. Dans celle du Nord-ouest, je ferois entrer l'Angleterre, le Portugal & la Hollande; & dans celle du Sud-ouest, la France, l'Espagne & les Deux Siciles. La Suède & la Turquie, par leur éloignement, ne pouvant avoir rien à démêler avec les états dont nous venons de parler, ne seroient qu'aggrégées; la Suède à la confédération du Nord-ouest, la Turquie à la confédération du Sud-ouest. La Suisse seroit entièrement neutre, tant parceque sa position & son génie l'exigent, que pour servir de centre à la confédération d'Occident, qui pourroit y établir son sénat. Cette disposition me paroîtroit très-sage par la raison que l'Angleterre & la France ne verroient point sans jalousie, qu'il fût placé chez l'une ou chez l'autre.

Dans la confédération du Nord-est, il faudroit appeller la Russie, la Pologne & le Dannemarck. Dans celle du Sud-est, l'Autriche, le Corps Germanique, la Prusse & l'Italie. Dantzik me paroîtroit être le lieu convenable pour l'établissement du sénat d'Orient. Toutes les précautions, comme je l'ai déjà dit, devroient être prises pour y maintenir la liberté des suffrages.

C

Il semble, au premier coup-d'œil, que cette confédération particulière est plus puissante que celle du Nord-est; mais si l'on réfléchit sur l'étonnante augmentation de puissance de la Russie, depuis un siécle, sur ce qu'elle peut devenir, & sur son ambition, on approuvra généralement qu'on mette un frein à la seule puissance de l'Europe qui puisse y causer de grandes révolutions.

Il y a eu des princes dont l'ambiton ne tendoit à rien moins qu'à la monarchie universelle; mais quels ont été les succès de ces vastes projets? L'histoire nous répond, en nous peignant la désolation de l'espèce humaine, en nous montrant des souverains qui auroient pu faire le bonheur de leurs peuples & mériter leur amour, ruinés par leurs efforts, mourir dans la honte & les regrets.

La Russie, après tant d'exemples faits pour la retenir dans les bornes qu'une bonne politique lui prescrit, prétendroit-elle élever le front sur la moitié de l'Europe? Si ce sont là les vues du cabinet de Pétersbourg, commencons dès-à-présent à déjouer ses intrigues. Sans parler du sort de la

République Romaine, ouvrons lui les règnes de Charlemagne, de Charles-Quint, de Louis XIV, & de leurs premiers successeurs. Qu'elle y apprenne à se conduire plus sagement qu'on ne fit dans ces tems. Elle a besoin qu'on lui rappelle le mot célèbre du Czar Pierre, qui auroit donné la moitié de ses états pour apprendre à gouverner l'autre.

Pour la dernière fois, vous qui gouvernez les hommes, pésez sans partialité les vues que je vous offre. Je serai payé de mes travaux, si, en vous mettant dans le cas de me prouver des erreurs, je vous force à vous occuper davantage du bonheur des hommes.

On me demandra peut-être, pourquoi, en établissant trois sénats en Europe je n'ai pas donné quelques idées sur la manière dont on pouvoit parvenir à les former; pourquoi je n'ai pas fixé le nombre des membres dont on devoit les composer; & quelle part chaque puissance pourroit y avoir. Je réponds en deux mots, que mon plan n'est que le germe d'un grand ouvrage; que rien ne m'étoit plus facile que de compiler & d'entasser des apperçus politiques sur la force réelle des différentes puissances de l'Europe; mais que mon intention n'a point été de composer un livre, en allant puiser dans ceux qui sont déjà faits. J'apprécie moi-même mon plan, en ne lui donnant qu'une très-petite étendue. Si les puissances de l'Europe pouvoient s'accorder sur ses bases, la manière de l'exécuter seroit bien simple à trouver, le nombre des membres dont chaque sénat devroit être composé, bien facile à déterminer, & la répartition de ces mêmes membres, bien aisée à calculer. Fit-on jamais des canaux sur un terrein avant de s'être assuré qu'on pût y amener l'eau? On peut, on doit même désirer que tous les Européens s'entendent ensemble pour amener une paix durable & universelle. Qu'on traite de rêveurs ceux qui s'occupent des moyens de les y entraîner, peu m'importe; j'ai la conscience de mon intention d'un côté, de l'autre, l'espérance de n'avoir pas donné preuve d'un défaut de discernement.

Il n'est pas vraisemblable, m'objectera-on encore, que la moitié de l'Europe déclare la guerre à l'autre; mais dans une théorie, on doit autant qu'il est possible, prévoir tous les cas. Que deviendroit votre paix générale, si pareille chose arrivoit?

Dailleurs ne peut-il pas s'élever des dissentions dans le sein d'une confédération
particulière. Une de ces confédérations toute
entière ne pourroit-elle pas former le projet d'envahir sur sa co-associée, ou sur le
territoire de l'autre confédération particulière qui l'avoisineroit? Ne pourroit-elle pas
se liguer avec deux autres confédérations
pour accabler la quatrième, ou bien abandonner sa co-associée, pour s'unir d'intérêts
avec l'une des deux confédérations que
vous lui avez opposées dans votre plan?
Comment reprimer tous ces mouvemens,
comment maintiendrez-vous l'équilibre politique au milieu de tous ces changemens?

Je soutiens que la guerre entre les deux
confédérations générales seroit impossible. Il
y auroit toujours quelques puissances, tant
dans l'une que dans l'autre, qui s'y op-
poseroient fortement, & formeroient, en
cas de guerre, une neutralité générale, qui
feroit tous ses efforts pour ramener la
concorde.

S'il s'élevoit des dissentions dans le sein
d'une confédération particulière, la puissance opprimée pourroit avoir recours à
l'interposition de la confédération co-associée, qui auroit le plus grand intérêt à

concilier, dabord pour ne pas entrer en
guerre, ensuite pour ne pas effoiblir deux
confédérations, qui, réunies, ne pourroient
plus faire face à la confédération générale
que nous leur avons mise en opposition.

Dans le cas où une confédération particulière, toute entière, voudroit remuer,
elle seroit bientôt réduite à l'impuissance
d'agir, soit par l'interposition des trois
autres confédérations, soit par les liaisons
que la confédération provoquée entretien-
droit avec la confédération la plus voisine
de son ennemie.

Trois confédérations particulières ne se
ligueroient point pour partager les dépouil-
les de la quatrième, dabord parcequ'il y
a plusieurs puissances qui, par leur éloignement, n'en tireroient aucun avantage; en
second lieu, parceque chacune de ces trois
confédérations n'auroit aucune raison pour
ne pas craindre le même sort.

Si la confédération du Nord-est vouloit
abandonner la confédération du Sud-est,
pour se lier avec la confédération du Nord-
ouest, la confédération du Sud-est voyant
son union interrompue d'un côté, s'attacheroit à la confédération du Sud-ouest.

Sans doute il faudroit alors une nouvelle répartition de puissances, mais on pourroit encore, par ce moyen, équilibrer les forces de l'Europe, de manière à ramener la paix.

Il existe encore une manière de lier les quatre confédérations : la confédération du Nord-est pourroit unir ses intérêts à ceux de la confédération du Sud-ouest ; celle du Sud-est alors s'attacheroit à la confédération du Nord-ouest.

Je crains de m'appésantir sur toutes ces idées, qui ne tendent qu'à répondre à des objections.

Quand toute l'Europe est à-peu-près liguée contre une seule puissance, comment croire à la possibilité de l'équilibre que je propose ? J'observerai en dernière analyse que jai mis la justice & la raison à la place des passions qui hantent les cabinets de l'Europe.

Idée qu'on s'est faite d'un ouvrage qui paroît sur le même sujet.

Quand on rêve pour le public, il faut prendre garde de s'endormir, & de mettre sa sensibilité à la place de son jugement. En applaudissant aux vœux, à l'humanité, aux connoissances historiques & à la philosophie du Républicain qui vient de mettre au jour un petit ouvrage, intitulé : *le rêve d'un homme de bien réalisé, ou possibilité de la paix générale & perpétuelle*, je ne puis m'empêcher de critiquer ce qui m'y paroît défectueux. Il est des vérités qui se cachent à nos yeux, faisons les sortir du choc des opinions.

L'auteur, dans son introduction, après avoir cité le mot connu du régent sur le projet de l'abbé de S.-Pierre, parle avec justesse de Jean Jacques. Convaincu, avant la révolution, de l'impossibilité d'une paix générale & perpétuelle en Europe, il paroît que cette idée avoit fait une grande impression sur son ame, par cette phrase que je cite avec plaisir : » Je n'espérois plus, & je jouissois encore ». Mais lorsqu'il traite de folie bien douce & bien respectable, l'opinion de la possibilité d'amener toutes les nations de l'Europe à une paix solide & profonde,

sans

sans étendre nos principes au delá de nos frontières, je lui oppose des idées déjà développées dans le plan qui précède ces observations.

Il est plus facile d'équilibrer les forces de l'Europe, que de persuader à des hommes accoutumés à la servitude, parmi lesquels on ne trouve encore aucun germe d'insurrection, en un mot, qui vivent dans l'ignorance de leurs droits, de s'unir, & de frapper avec la rapidité de la foudre les tyrans sous lesquels ils gémissent.

Ne cherchons point à porter la liberté chez des peuples qui ne savent pas l'apprécier, qui ne la demandent pas ou qui s'y refusent; ne nous épuisons point pour les autres, quand nous avons besoin de toutes nos forces; traitons avec les autorités reconnues en Europe, telles qu'elles puissent être, & dictons leur un système de paix, que leur intérêt les force d'accueillir, voilà les conseils de la politique.

Quand nous crierons aux peuples dans nos écrits : massacrez vos tyrans, détruisez la royauté, créez le règne bienfaisant de la liberté & de l'égalité, gouvernez vous d'après vos droits, unissons tous nos efforts pour

D

que l'Europe elle-même ne fasse plus qu'une grande République, qu'en résultera-il ? Les peuples ne nous entendront point, & ceux qui les gouverneront, redoubleront d'activité pour conserver & même augmenter leur autorité. Nous conjurons sur nos têtes tous les orages qu'ils peuvent diriger , sans avoir fait le bien d'un seul homme.

Je ne vois pas comment tous les hommes seront bientôt libres & égaux, tous les peuples véritablement amis, tous les palais vuides , tous les trônes renversés , tous les tyrans anéantis. Ce changement de scène ne peut être produit que par de grands moyens que l'auteur n'indique point. Il divise son petit ouvrage en trois chapitres ; sans m'astreindre à le suivre dans la distribution de ses idés, je me permettrai quelques réflexions.

Tout concouroit à réunir les différentes parties de l'Europe. On a voulu dire , sans doute, les hommes qui habitent les différentes parties de l'Europe. C'est la seule observation que je ferai sur le style , je ne prétends disserter que sur le fonds.

Tout le monde connoit la situation de l'Europe. Il seroit bon que dans les ouvrages d'un grand intérêt, on ne présentât que des idés neuves, & qu'on ne s'arrêlât sur les conséquences de certains principes qu'autant que le public n'en auroit pas encore saisi toute l'étendue. Plus on est concis, plus on est certain d'intéresser & d'être bien compris.

Si le sol de l'Europe étoit à-peu-près le même partout, également fertile, & produisoit à quelques différences près, les mêmes grains, les mêmes fruits, les mêmes trésors, la nature n'appelleroit point les peuples qui habitent sa surface, à ne former qu'une seule société. Ils pourroient vivre isolés, chacun dans son arrondissement, n'ayant aucun besoin les uns des autres, on ne les verroit point se rechercher. Comme on se disputeroit souvent les limites des différens territoires, la guerre y lanceroit continuellement ses foudres. Cette homogénéité de productions que l'auteur met en avant, produiroit un effet tout contraire à celui qu'il indique.

C'est parceque le sol de l'Europe n'est pas le même partout, n'est pas également fertile, produit des fruits différens & des trésors de diverses natures, que les Européens sont appelés à s'unir & à se bien entendre, pour se procurer, par des échanges faciles, tout ce qui peut leur être de nécessité, d'utilité, ou de luxe.

La religion n'entre pour rien dans les liaisons que le commerce fait contracter entre les peuples.

Des nations esclaves n'ont point de politique propre; à peine sentent-elles le besoin de résister à celle des hommes qui les oppriment.

Les lumières des savans de toutes nations, se regardant comme frères, n'étoient point assez répandues pour produire une grande révolution dans les idées.

Tous ces moyens de concorde & de tranquillité étoient, pour ainsi dire, nuls, tant que les nations ne vouloient pas fixer leurs véritables intérêts. Aujourd'hui l'humanité les leur montre; elle leur dit : unissez-vous pour votre plus grand avantage. Les guerres ne sont destructives que pour vous; toutes les privations en sont la suite. Si vous ne voulez pas changer la forme de votre gouvernement, enchaînez ceux qui le font marcher dans un pacte social où ils trouveront, ainsi que vous, leurs intérêts. Enfin qu'une paix générale & perpétuelle s'établisse entre des hommes qui ne cessent de se dévorer depuis des siècles.

Les Européens ne se lèvront point tous ensemble, à votre voix, honnête Républicain, dont je combats ici quelques idées. Ce sont les gouvernemens eux-mêmes qu'il faut intéresser à une paix générale & durable, c'est le seul moyen d'y parvenir.

Un mot ne peut pulvériser ces Rois forts de leur politique, de l'ignorance & du fanatisme de leurs sujets.

Pour que des peuples se montrent, comme nous, avec énergie, il faut que les circonstances les favorisent, & avant tout, les échauffent. Le plus difficile n'est donc pas fait.

Le second chapitre commence par ces mots remarquables : *voilà donc la face de l'Europe heureusement renouvellée!*

Comme on se persuade facilement ce qu'on désire, l'auteur voit l'Europe renouvellée ; parceque'il fait sentir qu'il seroit nécessaire qu'elle le fût, pour le bonheur des peuples. Sa marche est un peu trop précipitée ; il auroit du commencer par indiquer les moyens de parvenir à purger l'Europe de ses tyrans. Une invitation à deux cent millions d'hommes de se lever tous ensemble ne suffit pas pour qu'ils se lèvent, & je ne puis voir dans cette invitation ni un plan, ni un projet.

Il ne s'agit pas, dans ce moment-ci, de savoir comment une Convention Européene pourroit être constituée, mais comment on pourroit parvenir à avoir une Convention Européenne ; je crois l'avoir indiqué.

Des peuples ne peuvent jamais être résolus de s'aimer & de ne plus s'entre-détruire ; mais l'équité peut présider dans toutes leurs relations. Il faudroit donc qu'ils fussent maintenus dans un état qui pût les rendre respectables les uns aux autres.

Il me semble qu'il ne nous appartient pas de dicter d'avance, aux membres qui pourront composer une Convention Européenne, ce qu'ils auront à faire. Bornons-nous à indiquer les moyens de parvenir à obtenir cette Convention.

Ce n'est point à l'Europe entière que sa convention devroit présenter une constitution générale à sanctionner, mais à toutes les autorités que nous reconnoissons aujourd'hui. Les puissances de l'Europe doivent être considérées les unes à l'égard des autres, comme des individus qui cherchent à s'entendre sur leurs intérêts ; la tête doit agir pour le reste du corps.

Ce ne seroit pas une mauvaise idée de mettre à la disposition de la Convention Européenne toutes les troupes de terre & de mer de l'Europe. Le *maximum* & le *minimum* des forces que chaque puissance seroit forcée de maintenir aux ordres du Sénat, seroient réglés. On pourroit statuer que, toutes fois, que les troupes de deux puissances, ou plus, seroient réunies, la Convention Européenne leur donneroit un général pris dans leur sein. Cette disposition ne seroit pas admissible dans le plan que j'ai proposé.

Il est surprenant qu'un Républicain, qui écrit sur la politique, paroisse désirer qu'on chasse les Turcs de l'Europe. Loin de les chasser, nous devrions, s'il étoit possible, les aider à abaisser une puissance qui cherche à tout envahir, la Russie.

C'est en déclarant que nous seconderions tous les peuples qui voudroient conquérir la liberté, que nous nous sommes fait des ennemis de plusieurs puissances qui sembloient vouloir garder la plus parfaite neutralité dans

notre guerre avec l'Autriche & la Prusse, &
l'on invite le Peuple Français à renouveller
cette déclaration ! C'est, qu'il me soit permis
de le dire en terminant cet examen qui m'a
entraîné trop loin, c'est mettre l'exaltation
à la place de la politique.

De l'Imprimerie du C. Chemin, *Éditeur* des Mé-
moires du Bureau de Confultation des Arts & Métiers,
Rue de Glatigny, N°. 7, en la Cité, au bas du Pont N.-D.

www.ingramcontent.com/pod-product-compliance
Lightning Source LLC
Chambersburg PA
CBHW060812280326
41934CB00010B/2663